读懂『重要窗口』

DUDONG
ZHONGYAO CHU

本书编写组 编

浙江人民出版社

努力成为新时代全面展示中国特色社会主义制度优越性的重要窗口。

——《习近平在浙江考察时强调：统筹推进疫情防控和经济社会发展工作　奋力实现今年经济社会发展目标任务》(《人民日报》2020 年 4 月 2 日，第 1 版)

目录

一、改革开放以来被中央赋予“窗口”职责的地区

从历史发展的进程来看，“窗口”是对外展示形象、呈现面貌、彰显实力、表达理念的“门户”。在改革开放以来的伟大实践中，一些地方因历史机遇、地理因素、发展实力等条件而相继被赋予“窗口”职责，承担着向国际社会展示中国形象、中国精神、中国气派、中国力量的重要作用。

特区是个窗口，是技术的窗口，管理的窗口，知识的窗口，也是对外政策的窗口。

——《办好经济特区，增加对外开放城市》[《邓小平文选》(第三卷)，人民出版社1993年版，第51—52页]

北京作为首都和全国政治、文化中心，是我国改革开放和社会主义现代化建设的一个重要窗口。

——《江泽民在北京考察工作时强调：全面贯彻落实十五大精神 把首都北京建设得更加美好》(《人民日报》1999年2月11日，第1版)

深圳是中国最年轻的大城市，这里充满生机活力，是观察当代中国的重要窗口。

——《胡锦涛在第二十六届世界大学生运动会开幕式欢迎宴会上的致辞》(《人民日报》2011年8月13日,第2版)

兴办经济特区,是我们党和国家为推进改革开放和社会主义现代化建设作出的重大决策。40年来,深圳、珠海、汕头、厦门、海南5个经济特区不辱使命,在建设中国特色社会主义伟大历史进程中谱写了勇立潮头、开拓进取的壮丽篇章,在体制改革中发挥了"试验田"作用,在对外开放中发挥了重要"窗口"作用,为全国改革开放和社会主义现代化建设作出了重大贡献。

——《习近平：党中央支持海南全面深化改革开放　争创新时代中国特色社会主义生动范例》(《人民日报》2018年4月14日，第1版)

按照总书记指引的方向和党中央决策部署，大胆探索、率先破题，把广东建设成为展示我国改革开放成就的重要窗口、国际社会观察我国改革开放的重要窗口。

——《中共广东省委关于深入学习贯彻落实习近平总书记重要讲话精神奋力实现“四个走在全国前列”的决定》(《南方日报》2018年7月30日，第1版)

浦东发展的意义在于窗口作用、示范意义，在于敢闯敢试、先行先试，在于排头兵的作用。

——《三十而立从头越——以习近平同志为核心的党中央关心浦东开发开放纪实》（《人民日报》2020 年 4 月 18 日，第 1 版）

要全面贯彻党中央各项决策部署，做好统筹推进新冠肺炎疫情防控和经济社会发展工作，坚持稳中求进工作总基调，坚持新发展理念，坚持以“八八战略”为统领，干在实处、走在前列、勇立潮头，精准落实疫情防控和复工复产各项举措，奋力实现今年经济社会发展目标任务，努力成为新时代全面展示中国特色社会主义制度优越性的重要窗口。

——《习近平在浙江考察时强调：统筹推进疫情防控和经济社会发展工作 奋力实现今年经济社会发展目标任务》（《人民日报》2020 年 4 月 2 日，第 1 版）

二、“重要窗口”提出的理论与实践基础

“重要窗口”植根于浙江作为中国革命红船起航地、改革开放先行地、习近平新时代中国特色社会主义思想重要萌发地的深厚基础。从“起航地”的角度看，中国革命红船从浙江扬帆起航、劈波斩浪的辉煌历程及其孕育形成的红船精神，丰富了我们党的革命和建设时期的理论宝库和实践探索，为此后探索建立中国特色社会主义制度积累了重要的思想、物质和制度条件，成为考察中国特色社会主义制度的历史起点和实践原点。

从“先行地”的角度看，改革开放以来浙江人敢为人先、敢闯敢试，率先开展市场化取向改革，涌现出以温州模式、义乌经验为代表的经验做法，对中国特色社会主义道路的形成和发展进行了积极探索、作出了重要贡献，生动展现了中国特色社会主义制度强大生命力和无穷创造力。从“萌发地”的角度看，习近平同志在浙江工作时作出“八八战略”重大决策部署，为习近平新时代中国特色社会主义思想的孕育和发展提供了浙江素材、浙江经验，具体彰显了中国特色社会主义制度的时代引领性和科学真理性。

习近平总书记赋予浙江建设“重要窗口”的新目标新定位，与在浙江工作期间作出的"八八战略"重大决策部署，与2015年考察浙江时赋予的"干在实处永无止境，走在前列要谋新篇"新使命，与2016年在G20杭州峰会期间提出的"秉持浙江精神，干在实处、走在前列、勇立潮头"新要求，与2018年就"八八战略"实施15周年提出的"干在实处永无止境，走在前列要谋新篇，勇立潮头方显担当"新期望，目标上一致同向、一脉相承，要求上一以贯之、一体多面，是传承到创新的集成升华、过程到结果的逻辑展开、量变到质变的递进跃升，充分体现了习近平总书记对浙江的信任关怀一如既往、对浙江的期望期待越来越高、赋予浙江的使命责任越来越大。

习近平同志在浙江工作期间，科学把握浙江发展历史方位，确立了“干在实处、走在前列”的工作总基调，创造性地作出实施“八八战略”的重大决策部署，成为引领浙江发展的总纲领。“八八战略”在省域层面构建了“五位一体”的社会主义现代化建设的制度和实践布局、推进了中国特色社会主义的探索创新。这些年来，浙江坚持以“八八战略”为统领，一张蓝图绘到底，一任接着一任干，使“八八战略”在之江大地绽放出更加艳丽的理论之花、结出更加丰硕的实践之果，这是浙江建设“重要窗口”稳固的基础和前行的底气。“重要窗口”与“八八战略”在目标方向上是一致的，在精神要旨上是契合的，在具体要求上是延续的，赓续了浙江"干在实处永无止境"的实践品质，为"八八战略"注入了新时代的新内涵，必将为推动"八八战略"再深化、改革开放再出发注入强大动力。

——摘编自车俊同志在中共浙江省委十四届七次全体（扩大）会议上的报告和《中共浙江省委关于深入学习贯彻习近平总书记考察浙江重要讲话精神　努力建设新时代全面展示中国特色社会主义制度优越性重要窗口的决议》（《浙江日报》2020年6月28日，第1版）

三、建设“重要窗口”的重要意义

习近平总书记赋予浙江“努力成为新时代全面展示中国特色社会主义制度优越性的重要窗口”的新目标新定位，立意高远、思想深邃、内涵丰富，把浙江的过去、现在和未来贯穿贯通起来，把浙江与全国、全世界紧密联系起来，为浙江实现更好发展指明了战略方向、提供了战略指引。

从政治的维度看，建设“重要窗口”是政治上的自觉，是浙江践行“两个维护”最直接、最具体、最生动的体现。

习近平总书记要求浙江“努力成为新时代全面展示中国特色社会主义制度优越性的重要窗口”，这是从政治方向、政治立场、政治原则、政治道路上对浙江工作确立的新目标新定位，进一步立起了浙江坚决做到“两个维护”的政治检验标准。我们一定要进一步提高政治站位、增强政治定力、严守政治纪律、强化政治担当、彰显政治忠诚，把建设“重要窗口”的过程作为推进“八八战略”再深化、改革开放再出发的过程，作为实现维护意识、维护行动、维护能力、维护效果高度统一的过程，坚决做到时时都有维护意识、事事可见维护行动、人人增强维护能力、处处彰显维护效果。

从历史的维度看,"重要窗口"植根于"三个地"的深厚基础,同时又彰显了"三个地"新时代方位。如果把建设"重要窗口"放在40余年改革开放史、70余年新中国史、近100年党史、180年中华民族近代不屈抗争史以及500余年社会主义发展史的大历史背景下来看,就能更加全面深刻厚重地感受到,建设"重要窗口"有着历史与逻辑的必然性。我们一定要站在"两个一百年"的历史交汇点上,放眼中华民族伟大复兴的战略全局和世界百年未有之大变局,深刻把握建设"重要窗口"分量之厚重、责任之重大、使命之光荣,充分展示坚持和发展中国特色社会主义的辉煌成就、火热实践和光明前景，奋力书写“重要窗口”从历史中走来、在现实中走好、向未来走远的恢宏篇章。

从战略的维度看，建设“重要窗口”是对浙江从省域层面彰显“四个自信”而提出的很高要求。这次习近平总书记考察浙江期间，赋予浙江建设“重要窗口”的新目标新定位，是从国内与国际两个大局、发展与安全两件大事、当前与长远两个时期作出的深远战略考量，实际上是从战略上赋予浙江全面展示中国特色社会主义制度优越性的重大使命。我们一定要以争当学懂弄通做实习近平新时代中国特色社会主义思想排头兵的自觉，统筹推进“五位一体”总体布局、协调推进"四个全面"战略布局,从全国一盘棋的大局、全球一体化的大潮流、人类命运共同体的大命题,推动浙江全面提升制度建设整体水平、增强制度综合竞争力,努力取得更有说服力、影响力的实践成果、制度成果、理论成果。

从实践的维度看,建设"重要窗口"为浙江做好各项工作提供了科学指引,为浙江加快"两个高水平"建设注入了新动力。在从高水平全面建成小康社会到开启高水平推进社会主义现代化建设新征程的关键转换点上,习近平总书记赋予浙江建设"重要窗口"的新目标新定位,为我们向第二个百年奋斗目标进军,接续奋斗 30 年、迎来浙江更加美好的明天注入了“百尺竿头、更进一步”的加压之力、“面向现代化、拥抱现代化”的驱动之力、“以稳求进、以进固稳”的笃定之力。我们一定要对标最高最好最优、有站位有担当有特色，不断找差距、提层次、抓落实，努力实现全领域、全方位、全过程的全面过硬，义无反顾地前行、稳扎稳打地攀高，更好地展示“重要窗口”整体形象。

——摘编自《深入学习贯彻习近平总书记考察浙江重要讲话精神　努力建设新时代全面展示中国特色社会主义制度优越性重要窗口》（《今日浙江》2020年第12期）

四、建设“重要窗口”的总体要求

建设“重要窗口”的新目标新定位，有着鲜明的指向、严密的逻辑、贯通的联系。“新时代”是现实背景，意味着必须把握时代脉搏、引领时代潮流、彰显时代特色，努力以浙江这个“重要窗口”的建设成效，生动展现新时代的中国风采。“全面展示”是内在要求，意味着要展示的不仅是物质性的成就，更是制度性的成果、气质性的提升，不仅是过去的成就，更是当下的作为、未来的前景。“中国特色社会主义制度优越性”是核心要义，意味着必须以省域层面的实践探索，彰显中国特色社会主义制度的科学性、完备性、有效性，彰显中国特色社会主义的道路自信、理论自信、制度自信、文化自信。“重要窗口”是功能定位，意味着承担特殊的职责使命，具有开放性、国际性，还具有先行性、示范性。总之，建设“重要窗口”就是始终高举习近平新时代中国特色社会主义思想伟大旗帜，从省域层面深入回答中国共产党为什么能、马克思主义为什么行、中国特色社会主义为什么好，以“浙江之窗”展示“中国之制”和“中国之治”，以“浙江之答”回应“时代之问”和“历史之问”。

——摘编自《中共浙江省委关于深

入学习贯彻习近平总书记考察浙江重要讲话精神　努力建设新时代全面展示中国特色社会主义制度优越性重要窗口的决议》(《浙江日报》2020 年 6 月 28 日，第 1 版)

五、建设“重要窗口”的主要内容

浙江建设“重要窗口”，必须始终高举习近平新时代中国特色社会主义思想伟大旗帜，将科学思想转化为制度优势、制度优势转化为治理效能、治理效能转化为实践成果。主要包括 10 个方面内容：

1. 努力建设展示坚持党的科学理论、彰显习近平新时代中国特色社会主义思想真理力量的重要窗口。在建设“重要窗口”的新征程中，浙江必须以用足用好“三个地”特色资源、续写“八八战略"大文章的具体实践，生动展现习近平新时代中国特色社会主义思想耀眼的真理光芒、独特的思想魅力、巨大的实践伟力。

2. 努力建设展示中国特色社会主义制度下加强党的全面领导、集中力量办大事的重要窗口。在建设"重要窗口"的新征程中，浙江必须以坚持党中央集中统一领导、主动服从服务全国大局的具体实践，生动展现社会主义国家强大的动员和组织领导能力。

3. 努力建设展示发展社会主义民主政治、走中国特色社会主义法治道路的重要窗口。在建设"重要窗口"的新征程中，浙江必须以深化法治浙江建设的具体实践，生动展现中国特色社会主义政治发展道路越走越宽广、人民当家作主的制度体系越来越健全的蓬勃生机。

4. 努力建设展示坚持和完善社会主义市场经济体制、不断推动高质量发展的重要窗口。在建设“重要窗口”的新征程中，浙江必须以贯彻新发展理念、加快建设现代化经济体系的具体实践，生动展示社会主义市场经济的活力、灵性和韧性。

5. 努力建设展示将改革开放进行到底、使社会始终充满生机活力的重要窗口。在建设“重要窗口”的新征程中，浙江必须以争当改革开放“弄潮儿”、再创体制机制新优势的具体实践，生动展现中国改革步伐一刻不停、开放大门越开越大的坚毅决心和奋进姿态。

6. 努力建设展示坚持社会主义核心价值体系、弘扬中华优秀传统文化革命文化社会主义先进文化的重要窗口。在建设“重要窗口”的新征程中，浙江必须以打造与“三个地”相适应的思想高地、舆论高地、文化高地、文明高地的具体实践，生动展现中华民族发展中更基本、更深沉、更持久的精神力量。

7. 努力建设展示推进国家治理体系和治理能力现代化、把制度优势更好转化为治理效能的重要窗口。在建设“重要窗口”的新征程中，浙江必须以高水平推进省域治理现代化的具体实践，生动展现中国特色社会主义制度和国家治理体系的强大生命力。

8. 努力建设展示坚持以人民为中心、实现社会全面进步和人的全面发展的重要窗口。在建设"重要窗口"的新征程中，浙江必须以率先解决发展不平衡不充分问题、走好共同富裕之路的具体实践，生动展现社会主义制度蕴含的"人民对美好生活的向往就是我们的奋斗目标"的价值追求。

9. 努力建设展示人与自然和谐共生、生态文明高度发达的重要窗口。在建设"重要窗口"的新征程中，浙江必须以践行"绿水青山就是金山银山"理念、高水平生态省建设的具体实践，生动展现中国人民坚定不移走生产发展、生活富裕、生态良好的文明发展道路的坚毅行动。

10. 努力建设展示中国共产党自觉践行初心使命、推动全面从严治党走向纵深的重要窗口。在建设“重要窗口”的新征程中，浙江必须以打造政治清明、政府清廉、干部清正、社会清朗的清廉浙江的具体实践，生动展现中国共产党始终走在时代前列、始终同人民群众保持血肉联系的良好形象。

——摘编自《深入学习贯彻习近平总书记考察浙江重要讲话精神　努力建设新时代全面展示中国特色社会主义制度优越性重要窗口》（《今日浙江》2020年第12期）

六、建设“重要窗口”的标志性成果

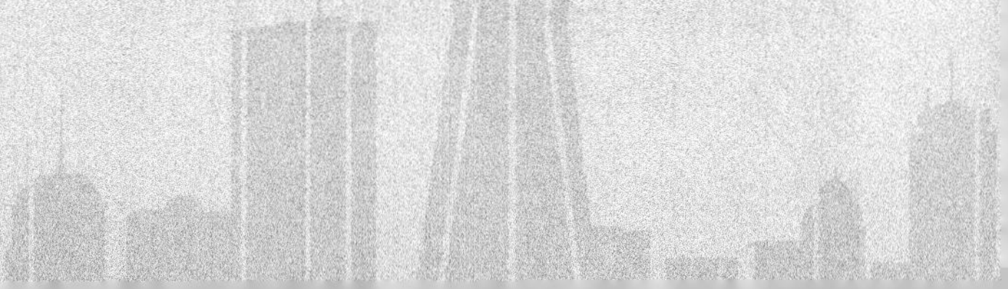

建设“重要窗口”是宏观思路、中观谋划、微观举措的有机统一。建设好“重要窗口”，底线要求就是不发生重特大事故和负面影响事件，当务之急就是要树立世界眼光，以加快形成 13 项具有中国气派和浙江辨识度的重大标志性成果为牵引，争创制度优势，提升治理效能，打造硬核成果。

1. 打造学习、宣传、实践习近平新时代中国特色社会主义思想的重要阵地。 浙江在学懂弄通做实习近平新时代中国特色社会主义思想方面，有着丰富理论素材、大量实践例证、得天独厚优势，有条件、有责任宣传好、利用好这座“精神富矿”。要夯实实践基础，坚定不移沿着“八八战略”指引的路子走下去，推动习近平新时代中国特色社会主义思想在浙江的生动实践；夯实理论基础，实施习近平新时代中国特色社会主义思想溯源工程，深化“习近平新时代中国特色社会主义思想在浙江的探索与实践”研究；夯实群众基础，实施党的创新理论走心工程，让党的创新理论飞入寻常百姓家。

2. 推动“最多跑一次”改革成为新时代引领改革风气之先的最鲜明特质。“最多跑一次”改革已经成为浙江工作的一张金名片，但与建设“重要窗口”的新目标新定位相比还有不小的努力空间。要持续深化“最多跑一次”改革，推进政务办事、公共服务、社会治理三大领域的“一件事”集成改革，加快推进机关事业单位人员职业生涯全周期“一件事”改革，把“最多跑一次”改革蕴含的改革精神、理念、方法、作风融入到全省改革发展的方方面面，让群众和企业享受到更公平公正、更优质高效的公共服务。

3. 再创民营经济高质量发展的新辉煌。民营经济是浙江的金字招牌，是浙江最大的特色和优势；浙商是当今中国最著名、最活跃的企业家群体，也是浙江最珍贵、最有潜力的战略资源。就民营企业自身来说，关键是要提升核心竞争力，弘扬新时代浙商精神，推动价值链向中高端迈进。就各级党委、政府来说，关键是坚持有效市场和有为政府相统一，创造良好的营商环境。就国企民企关系来说，关键是提高国有企业和民营企业融合度，真正让浙江经济的鸟之两翼、车之两轮相得益彰。

4. 建设成为全球先进制造业基地。 浙江从制造业起步，以实体经济见长，制造业是浙江的本钱，也是迈向现代化的战略基石和支撑力量。要扭住"高质量"这个关键词："高"就是目标高、定位高、格局高，努力实现产业高端化、产品高市场占有率和高附加值、产业链高韧性；

“质”就是质量可靠、质地精良、质感上乘，全面提升产品品质、制造层次、平台能级；“量”就是要谋求各类人才的量、优质企业的量、新产业新技术新应用中的创新含量。要下大力攻关突破关键核心技术，集中力量打造十大标志性全球化产业链，谋划实施一批重大强链补链项目。

5. 做优做强数字经济、生命健康、新材料等战略性新兴产业、未来产业。对于当下的浙江来说，如何才能在激烈比拼中脱颖而出、赢得一席之地？很重要的抓手就是抓紧布局数字经济、生命健康、新材料等战略性新兴产业、未来产业，抓住产业数字化、数字产业化赋予的机遇，加快5G网络、数据中心等新型基础设施建设，着力壮大新增长点、形成发展新动能。

6. 打造成为“一带一路”重要枢纽。我们加快推进新一轮高水平对外开放、实施“一带一路”倡议的机遇不少、平台也很好，关键看我们下一步能不能做好借梯登高、借船出海、借势发力的文章。比如，主动融入长三角一体化高质量发展，就要抓好长三角联合创新基地、都市圈城际轨道、洋山开发合作等一批重大标志性工程建设，推进长三角生态绿色一体化发展示范区建设。比如，深度参与“一带一路”建设，就要高质量建设“一带一路”十大标志性工程，深化与“一带一路"沿线国家和地区合作。

7. 建设高素质强大人才队伍、打造高水平创新型省份。从根本意义上讲，浙江今后能不能实现更高质量的发展，能不能建成"重要窗口"，归根结底还是取决于人才的集聚度、活跃度、贡献度和创新的能力、动力、活力。就人才工作来说，关键是重视培育和用好本土人才，重点要以全球视野集聚高素质人才队伍，让浙江成为最具影响力吸引力的国际人才流入地之一。就科技创新来说，重点要聚焦打造"互联网+"、生命健康、新材料"三大科创高地"，以超常规举措大力提升基础研究能力，建好建强高端创新载体，打造面向世界、引领未来、辐射全省的创新策源地。

8. 在全面推进法治中国建设中继续走在前列。对照建设"重要窗口"的新目标新定位，要在提升各领域法治化水平上更进一步、更快一步，奋力跑出建设法治浙江的新速度。进一步发挥人民代表大会制度优势、显现政协履职作用、发挥统一战线的功能作用，健全充满活力的基层群众自治制度。大力加强重点领域立法，深入推进法治政府建设，推动领导干部带头尊法学法守法用法，提高运用法治思维和法治方式能力水平。

9. 巩固夯实社会治理体系和治理能力现代化基础。推进省域治理现代化是一个大命题，重点在打基础、难点在抓基层。要加快实现矛盾纠纷调处化解"最多跑一地",努力实现矛盾纠纷一站式接收、一揽子调处、全链条解决,深入推进县(市、区)领导接访下访活动。要全面深化政府数字化转型,以政府数字化转型的领先优势加速迸发出更强治理效能。要建设更高水平的平安浙江,坚持"大平安"理念,不断提高社会治理社会化、法治化、智能化、专业化水平。

10. 打造成为社会主义先进文化高地。大力发展以党的创新理论为引领的先进文化、以红船精神为代表的红色文化、以浙江历史为依托的传统文化、以浙江精神为底色的创新文化、以数字经济为支撑的数字文化,提升浙江文化的引领力、创造力、传播力、服务力、竞争力，努力把浙江打造成为文化事业更加繁荣、文化产业更加发达、文化形象更加鲜明、文化生活更加丰富多彩的思想文化高地。

11. 走好具有浙江特色的生态文明建设和可持续发展之路。抓生态文明建设关键是要持之以恒、久久为功。要不断提高生态环境质量，坚持全链条防控、全形态治理、全地域保护，让天蓝水澈、海清岛秀、土净田洁成为美丽浙江的生动写照。加快全域建设美丽大花园进程，深化"千万工程"，打造美丽乡村升级版，加快美丽城镇建设，推进生态海岸带建设，形成全域秀美新格局，打造现代版

"富春山居图"。

12. 持续巩固全省域各方面发展都比较均衡的特色优势。更加注重均衡协调,不断提高发展的协同性和整体性,推动浙江城乡之间、区域之间的发展更加协调,经济发展与生态保护之间更加协调,经济社会发展和民生事业更加协调。要抓融合,努力缩小城乡区域发展差距;抓重点,大力实施乡村振兴战略,推进乡村产业高质量发展;抓民生,做深做实事关民生的"关键小事",确保把坚持人民至上、不断造福人民的要求落到实处、抓到细处。

13. 清廉浙江建设取得更新成效更大突破。努力打造清廉浙江,既是建设

“重要窗口”的重要内容，也是建设“重要窗口”的根本保障。要建立健全不忘初心、牢记使命的制度，认真总结吸收、固化完善各方面行之有效的好经验好做法好制度，进一步打造富有浙江味、红船味的党建品牌，努力实现思想建党、理论强党、制度治党的有机统一、同向发力。必须重视抓基层、打基础，推动基层党组织全面进步、全面过硬。

——摘编自《深入学习贯彻习近平总书记考察浙江重要讲话精神　努力建设新时代全面展示中国特色社会主义制度优越性重要窗口》（《今日浙江》2020年第12期）

七、建设“重要窗口”的路径方法

建设“重要窗口”是一个纷繁复杂的系统工程，是一项前所未有的开创性工作，也是一个逐步展示成效、逐步提高成色的动态过程。要着重把握好6个方面：

1. 聚焦制度优越性。既坚持和巩固好中国特色社会主义根本制度、基本制度、重要制度，也在省域治理上积累形成一整套更加完善的制度体系，为党和国家形成一个比较成熟、比较定型、比较系统的制度体系提供更多的浙江素材、积累更多的浙江经验。同时，强化制度意识，维护制度权威，充分发挥制度指引方向、规范行为、提高效率、维护稳定、防范化解风险的重要作用。

2. 认清任务艰巨性。把建设“重要窗口”与高水平推进社会主义现代化建设紧密结合起来，正确对待浙江在经济实力、发展质量、文化软实力、公共服务水平、生态环境质量、干部能力素质等方面存在的短板和不足，清醒看到建设“重要窗口”绝不是轻轻松松、敲锣打鼓就能实现的，切实做到认清历史方位，聚焦重点难点，谦虚谨慎、务实低调，努力实现远期愿景、中期目标、近期工作的有机衔接。

3. 突出整体协同性。展现"全省域都是主角、全方位都要展示"的姿态和担当，推动各领域工作呈现出齐头并进、蓬勃发展的良好局面，持续提升浙江作为"重要窗口"的认可度、美誉度和影响力。特别是将补短板、堵漏洞、强弱项摆到更加突出的位置，把"重要窗口"的底线守得更牢、根基夯得更实。

4. 激发创新创造性。以思想大解放、理念大更新来推进窗口建设，把改革开放和创新精神贯彻到建设"重要窗口"各个环节，不断探索新办法、打开新境界、迈出新步子，为建设"重要窗口"提供源源不断的动力。

5. 体现群众主体性。自觉践行以人民为中心发展思想，坚持建设“重要窗口”依靠人民、建成“重要窗口”人民共享，始终顺应民心、尊重民意、关注民情、致力民生，更好地满足人民群众多层次多样化需求，使建设“重要窗口”的成果更多更公平惠及全省人民。

6. 注重实践可行性。围绕区域发展、创新能力、营商环境、城市化水平、生态环境质量、人口素质等方面设定一些可量化细化具体化的数据指标，努力做到建设成果看得见、摸得着、够得到。但也不能唯指标论、只盯着数字，也要看到“重要窗口”展示的是中国特色社会主义制度优越性的整体效能、比较优势。

——摘编自《深入学习贯彻习近平

总书记考察浙江重要讲话精神　努力建设新时代全面展示中国特色社会主义制度优越性重要窗口》(《今日浙江》2020年第12期)

后　记

2020年3月29日至4月1日，习近平总书记到浙江考察调研并发表重要讲话，赋予了浙江“努力成为新时代全面展示中国特色社会主义制度优越性的重要窗口”的新目标新定位，并提出了7个方面的重点任务。中共浙江省委于6月17日至18日召开十四届七次全体（扩大）会议，作出了《中共浙江省委关于深入学习贯彻习近平总书记考察浙江重要讲话精神　努力建设新时代全面展示中国特色社会主义制度优越性重要窗口的决议》。为深刻领会、全面落实习近平总书记重要讲话精神和省委十四届七次全会精神，推动全省党员干部更加紧密地团结在以习近平同志为核心的党中央周围，奋力谱写新时代建设"重要窗口"的壮丽篇章，我们组织编写了《读懂"重要窗口"》一书。该书的主要内容均摘自中央领导同志系列重要指示和省委有关工作报告、文件，供各级党员领导干部学习参阅。

中共浙江省委宣传部

2020 年 7 月

图书在版编目（CIP）数据

读懂“重要窗口”/《读懂“重要窗口”》编写组编. —杭州：浙江人民出版社，2020.8

ISBN 978-7-213-09800-0

Ⅰ. ①读… Ⅱ. ①读… Ⅲ. ①中国特色社会主义-社会主义建设-浙江 Ⅳ. ①D619.55

中国版本图书馆 CIP 数据核字(2020)第 137906 号

读懂“重要窗口”

本书编写组 编

出版发行	浙江人民出版社(杭州市体育场路 347 号 邮编 310006) 市场部电话:(0571)85061682 85176516
责任编辑	陶辰悦 汪 芳
责任校对	朱 妍
责任印务	陈 峰
封面设计	大漠照排
电脑制版	杭州大漠照排印刷有限公司
印 刷	浙江印刷集团有限公司
开 本	880 毫米×1230 毫米 1/64
印 张	1
字 数	14 千字
版 次	2020 年 8 月第 1 版
印 次	2020 年 8 月第 1 次印刷
书 号	ISBN 978-7-213-09800-0
定 价	8.00 元